위급 상황에서
침착하게
대응할 수 있다

계획 세우는 걸
좋아한다

지상직 승무원

책임감이
강한 편이다

데이터를 분석하는
일이 재미있다

운항 관리사

기계 다루는 걸
좋아한다

항공 정비사

남들에게 설명을
잘한다

조종사

운전하는 것은
재미있을 것 같다

기내 승무원

글쓴이 장선미
중앙대학교에서 문예창작학을 전공하고 동대학원에서 석사 학위를 받았습니다.
아이들이 더 많은 꿈을 꾸기를 바라면서 역사와 문학, 철학을 가르치고, 글을 쓰고 있습니다.
쓴 책으로는 〈생방송 한국사〉 시리즈 등이 있습니다.

그린이 김소희
시각디자인을 공부하고, 만화와 일러스트 작업을 하고 있습니다.
세밀하면서도 유쾌한 그림으로 《국제조약, 알면 뉴스가 들려요》, 《세상에서 가장 슬픈 여행자, 난민》,
《우리 역사 노래 그림책》, 《몬스터 과학》, 《바다 박사가 될래요!》, 《반달》 등을 펴냈습니다.
〈어린이 동산〉, 〈함께 사는 길〉 등의 월간지에 만화를 그리기도 했습니다.

감수 송병흠
한국항공대학교에서 학생들을 가르치고 있으며 항공안전관리연구소 소장, 항공안전교육원 원장,
한국항공운항학회 회장으로 활동하고 있습니다. 한국항공대학교에서 항공운항을 전공하였고,
운송용조종사 및 조종교육증명(비행교관) 자격증을 보유하고 있습니다.
저서로는 《항공기 운항은 어떻게 하는가?》, 《항공운항정보 및 절차》 등이 있습니다.

어린이 사회 체험 시리즈 ③

항공사에서는
비행기를 실컷 탈 수 있을까?

1판 1쇄 인쇄 2019년 12월 2일
1판 1쇄 발행 2019년 12월 18일

글쓴이 장선미 **그린이** 김소희 **감수** 송병흠
펴낸이 김영곤 **펴낸곳** (주)북이십일 을파소

키즈융합부문 대표 이유남 **키즈융합부문 이사** 신정숙 **키즈사업본부장** 김수경
키즈1팀장 강지하 **키즈1팀** 김영남 우경진 **디자인** 박지영 권빈
영업본부장 김창훈 **영업1팀** 임우섭 송지은 **영업2팀** 이경학 오다은 **영업3팀** 허소윤 윤송
마케팅본부장 변유경 **마케팅1팀** 김정은 문윤정 구세희 **마케팅2팀** 김세경 박소현 최예슬 **사업팀** 한아름 김미소 김하은

출판등록 2000년 5월 6일 제406-2003-061호
주소 (우 10881) 경기도 파주시 회동길 201(문발동)
전화 031-955-2100(대표) 031-955-2733(기획편집) **팩스** 031-955-2177
ISBN 978-89-509-8466-3 74080
       978-89-509-8469-4 74080(세트)

• 모델명: 어린이 사회 체험 시리즈 ③ 항공사에서는 비행기를 실컷 탈 수 있을까?
• 제조연월: 2019.12.18 • 제조자명:(주)북이십일
• 주소 및 전화번호: 경기도 파주시 회동길 201(문발동) / 031-955-2100
• 제조국명: 대한민국 • 사용연령: 5세 이상 어린이 제품

그림으로 만나는 직업의 세계
어린이 사회 체험 시리즈

항공사에서는 비행기를 실컷 탈 수 있을까?

장선미 글 | 김소희 그림 | 송병흠 감수

을파소

항공사는 비행기로 사람이나 물건을 나르는 일을 하는 회사예요.
비행기가 하늘을 오가려면 여러 사람의 협업이 필요하지요.
항공사에서 일하는 다양한 사람들을 한번 만나 볼까요?

20쪽 조종실에서는 누가 일할까?

RAINBOW
AIRLINES

14쪽 격납고에서는 누가 일할까?

공항에서는 누가 일할까?

공항은 비행기가 뜨고, 내리고, 머무를 수 있게 여러 시설을 갖춘 곳이에요.
비행기를 타려는 승객들이 체크인, 보안 검색, 세관 검사 등의 과정을
거치는 곳이기도 하지요. 지금 체크인 카운터에서 항공사
지상직 승무원들이 여행을 떠나려는 승객들을 맞느라 분주하네요.

공항 경찰

물품 보관소
무거운 짐이나 겉옷을
맡아 줘요.

전광판
비행기의 출발 시간과
도착 시간을 알려 줘요.

지상직 승무원

체크인 카운터
승객에게 탑승권을 발급하고,
수하물을 부쳐 줘요.

렌터카 센터
비용을 받고 필요한 사람들에게
자동차를 빌려 줘요.

환전소
내가 갖고 있는 돈을 다른 나라
돈으로 바꿀 수 있는 곳이에요.

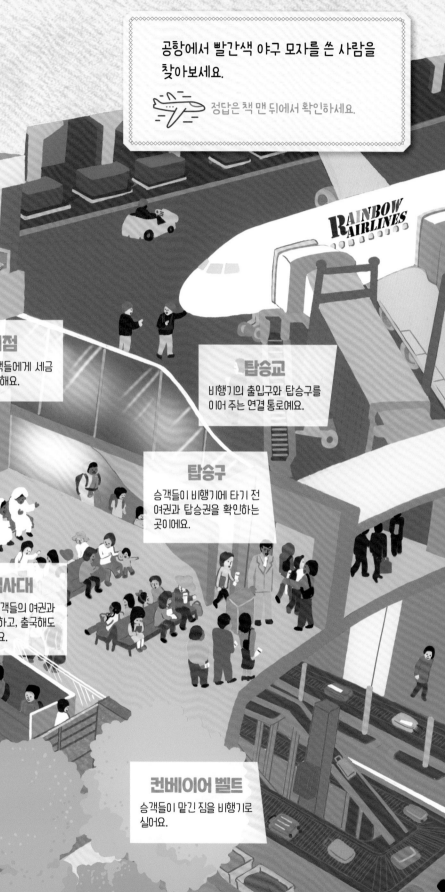

공항에서 빨간색 야구 모자를 쓴 사람을
찾아보세요.

정답은 책 맨 뒤에서 확인하세요.

라운지

비행기를 타기 전까지 승객들이
쉬어 갈 수 있는 곳이에요.

면세점

해외로 가는 승객들에게 세금
없이 물건을 판매해요.

탑승교

비행기의 출입구와 탑승구를
이어 주는 연결 통로예요.

탑승구

승객들이 비행기에 타기 전
여권과 탑승권을 확인하는
곳이에요.

출입국 관리 공무원

출국 심사대

해외로 가는 승객들의 여권과
탑승권을 확인하고, 출국해도
되는지 심사해요.

보안 검색 요원

컨베이어 벨트

승객들이 맡긴 짐을 비행기로
실어요.

보안 검색대

비행기를 타기 전에 위험한 물건을
지녔는지 검사해요.

공항안내

지상직 승무원

지상직 승무원은 승객이 공항에 도착해 비행기에 탑승하기 전까지 필요한 여러 과정을 담당하는 사람이에요. 체크인 카운터에서 탑승권을 발권하고, 수하물을 부쳐 주지요. 지상직 승무원이 하는 일을 좀 더 살펴볼까요?

패스트 트랙 패스

장애인, 노약자, 어린이, 임산부 승객들이 오래 줄 서지 않고, 빠르게 출국할 수 있도록 돕는 확인증이에요.

탑승권을 발권해요

승객이 항공사나 여행사 등을 통해 미리 구입한 비행기 표를 여권과 함께 보여 주면 이를 확인하고 탑승권을 발급해요. 탑승권에는 비행기 탑승 시간과 좌석 등이 적혀 있어요. 승객이 탈 비행기를 안내하고, 조건이 맞는 승객에게는 패스트 트랙 패스를 주기도 하지요.

우리나라에는 공항이 몇 개나 있을까?

공항은 다른 나라를 오가는 비행기를 탈 때 이용하는 국제 공항과 우리나라 안을 다니는 비행기를 탈 때 이용하는 국내 공항으로 나눌 수 있어요. 우리나라에는 국제 공항이 8개, 국내 공항이 7개 있지요.

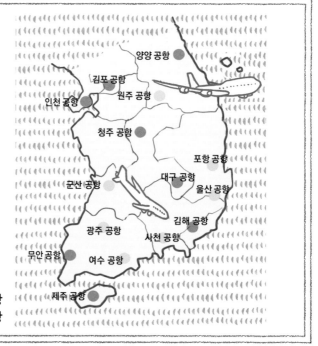

양양 공항
김포 공항
원주 공항
인천 공항
청주 공항
포항 공항
대구 공항
군산 공항
울산 공항
김해 공항
광주 공항
사천 공항
무안 공항
여수 공항
제주 공항

○ 국내 공항
● 국제 공항

수하물을 부쳐요

승객들의 짐인 수하물에 승객 정보가 담긴 바코드를 붙이고, 컨베이어 벨트에 실어 비행기로 보내요. 비행 구간, 좌석 등급에 따라 부칠 수 있는 짐 무게가 정해져 있기 때문에 이를 안내하고, 비행기 안에 가지고 탈 수 없는 물건도 알려 줘요.

바코드가 붙은 수하물은 컨베이어 벨트를 타고, 보안 검색 과정인 스캐너를 거쳐 승객이 타는 비행기에 자동으로 실려요.

탑승권을 확인해요

탑승구 앞에서 비행기 목적지와 탑승 시간을 알리고, 승객의 탑승권 정보를 확인한 다음 비행기로 안내해요. 모바일 탑승권과 종이 탑승권 모두 바코드를 찍어 확인하지요.

비행기에 가지고 타면 안 돼요!

승객들의 안전을 위해 비행기에 절대 갖고 탈 수 없는 물건, 수하물로 부치지 않고 기내에 직접 들고 타야 하는 물건들이 정해져 있어요.

● 비행기에 절대 가지고 탈 수 없는 물건 ●

무기류
(장난감 총 포함)

폭발물류

발화성·인화성 물질

● 수하물로 부칠 수 없는 물건 ●

(기내에 직접 가지고 타야 해요)

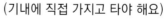

**고장나거나
깨지기 쉬운 물건**

**노트북 등의
전자 제품**

귀중품

각종 액체류
(100ml보다 작은 용기에 담아
투명한 지퍼백에 넣어야 해요)

다양한 승객을 도와요

비행기를 놓친 승객

다음 비행기 시간을 확인한 다음, 남은 자리가 있다면 수수료를 내고 탑승할 수 있게 도와요.

수하물을 잃어버린 승객

수하물이 늦게 도착하거나 망가지는 등 문제가 생기면 상황을 파악하고, 필요한 조치를 해요.

라운지에 들른 승객

비행기를 타기 전 공항 라운지에 들러 간단한 음식을 먹거나 휴식을 취하는 승객에게 필요한 서비스를 제공해요.

겨울 외투를 입은 승객

더운 나라로 여행을 가는 승객이 가벼운 옷차림으로 떠날 수 있게 외투를 맡아 주기도 해요.

반려동물을 데리고 온 승객

반려동물과 이동 가방 무게가 5~7킬로그램을 넘지 않으면 비행기에 함께 탈 수 있게 도와줘요. 그 이상이 넘어가면 반려동물을 짐칸에 태워야 해요.

비행기에 함께 탈 수 있는 반려동물은 개, 고양이,새이며, 항공사와 나라별로 허용하는 규정이 달라서 미리 꼭 확인해야 해요!

공항에서 함께 일하는 사람들

공항에는 항공사 지상직 승무원 말고도 많은 사람이 함께 일하고 있어요. 승객들이 안전하고 편안하게 여행할 수 있게 다양한 분야의 사람들이 함께 일하고 있답니다.

공항 경찰
공항 안에서 벌어질지 모를 사고에 대비하고 안전을 책임져요.

보안 검색 요원
승객이 비행기에 위험한 물건을 갖고 타지 않도록 검사해요.

출입국 관리 공무원
다른 나라로 떠나는 승객의 정보를 파악하고 심사해요.

세관 공무원
승객이 불법으로 돈이나 물건을 들여오거나 내보내지 않는지 확인해요.

공항 검역관
다른 나라에서 전염병이나 해충이 들어오지 않도록 검사해요.

도전! 여러분은 체크인 카운터에서 일하는 지상직 승무원입니다.
승객이 수하물로 부칠 수 없는 물품에 동그라미로 표시해 보세요.

 정답은 책 맨 뒤에서 확인하세요.

종합 통제 센터에서는 누가 일할까?

종합 통제 센터는 비행기 운항에 관련된 모든 정보를 관리하는 곳이에요.
'지상의 조종실'이라고 불리기도 하지요. 이곳에서는 운항 관리사들이 비행기가 일정에 맞게
오가고 있는지, 항로에 맞게 가는지, 비상 상황은 없는지 24시간 쉬지 않고 확인하고 있어요.

TV
전 세계 뉴스 속보를 확인하고,
위험한 사건이나 사고가 발생한
지역을 파악해요.

적색 경보
비행기가 계획과 다른 경로로 비행하면
모니터에 빨간불이 들어와요.

개별 모니터
비행 일정과 운항 상황을 보여 줘요.
비행기가 다니는 경로, 비행기 이착륙에
관한 정보를 확인할 수 있어요.

 SEOUL

 FRANKFURT

 DOHA

 NEW YORK

초대형 스크린

비나 바람의 방향 같은 기상 정보는 물론 해당 항공사의 비행기와 현재 날고 있는 다른 항공사의 비행기까지 한눈에 볼 수 있어요.

기상 전문가

조종사

기내 승무원

항공 정비사

운항 관리사

종합 통제 센터에 있는 비행기를 모두 찾아보세요.

 정답은 책 맨 뒤에서 확인하세요.

운항 관리사

운항 관리사는 비행기가 출발해서 목적지에 도착하기까지 안전하고 효율적으로
비행할 수 있게 모든 과정을 계획하고 관리해요. 그래서 '땅 위의 조종사'라고 불리지요.
운항 관리사가 하는 일을 자세히 알아볼까요?

비행 계획서를 작성해요

비행기가 언제 어디서 출발하고 도착할지 결정하고, 비행기 기종
과 어느 비행길로 오갈 것인지, 연료를 얼마나 쓸 것인지 등을 계
획해요. 날씨, 비행기 정비 상황 등 여러 가지를 고려해야 하지요.

비행이 잘 이루어지는지 확인해요

비행기가 이륙하면 계획에 따라 비행이 잘 이루어지는지 모니
터로 상황을 지켜봐요.

갈 때와 올 때 달라지는 비행 시간

인천에서 미국 샌프란시스코로 갈 때는 10시간 40분, 올 때는 12시간
40분 정도 걸려요. 같은 비행길을 오가는데도 비행 시간이 차이 나는
이유는 1만 미터 위 하늘에서 부는 강한 편서풍(제트기류) 때문이지
요. 돌아올 때는 바람을 거스르며 비행해야 하기 때문에 그만큼 속도
가 느려진답니다.

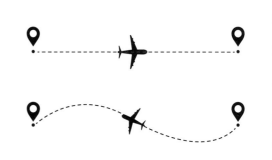

비상 상황에 대처해요!

비행기가 고장 나면, 지상에서 언제 어떻게 고칠 것인지 계획해요. 또 기상 상황이 좋지 않으면 조종사와 상의해 출발 시각이나 비행길, 도착하는 곳을 바꾸기도 하지요.

사고가 나면 블랙박스를 확인!

블랙박스에는 조종실에서 나는 대화나 관제탑과 주고받은 내용, 비행기의 속도, 엔진 상태 같은 다양한 비행 자료가 자동으로 기록돼요. 그래서 비행기 사고가 났을 때 원인을 알 수 있지요.

도전! 여러분은 운항 관리사입니다.
비행기가 어떤 길로 가야 공항에 잘 도착할 수 있는지 비행길을 찾아 주세요.

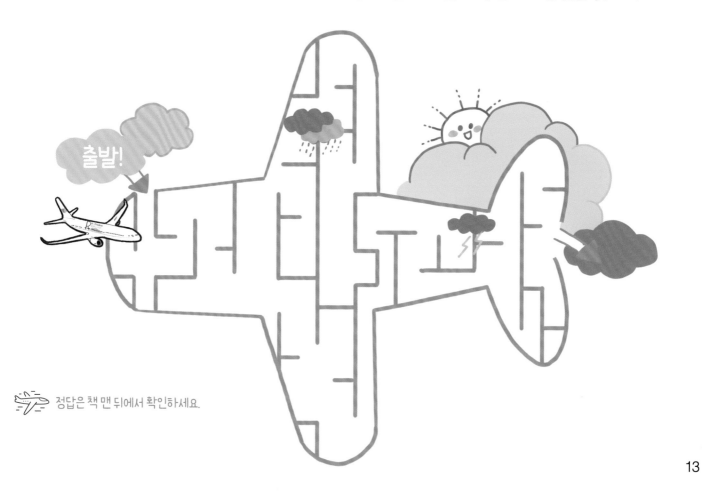

출발!

✈ 정답은 책 맨 뒤에서 확인하세요.

격납고에서는 누가 일할까?

격납고는 비행기를 보관하거나 수리하고, 점검하는 곳이에요.
비행기가 들어갈 수 있게 기둥 없이 아주 넓고, 높게 만들어졌지요.
이곳에서는 비행기에 문제가 생기기 전에 미리 검사하고, 고장 난 곳을 고쳐요.
지금 항공 정비사들이 구슬땀을 흘리며 비행기 이곳저곳을 살피고 있네요.

연료 탱크
비행기 날개 속에 연료를 담는 탱크가 있어요.

엔진
비행기 양쪽 날개에 달려서 비행기를 움직이는 힘을 만들어 내요.

안전모 보관함
작업할 때 꼭 써야 하는 안전모를 보관해요.

공구 보관함
비행기 정비에 필요한 공구들을 보관해요.

격납고 바닥
비행기를 점검하고 고치는 데 필요한 전기와 물, 공기를 공급하는 시설이 숨어 있어요.

Rainbow
R AIRLINE

항공 정비사

항공 정비사는 비행기가 안전하게 날 수 있도록 비행기를 점검하고 고쳐요. 비행기는 수백만 개의 부품과 정밀한 시스템으로 이뤄져 있어서 그중 하나라도 고장이 나면 큰 사고로 이어질 수 있어요. 항공 정비사는 이런 사고를 막기 위해 미리 꼼꼼하게 정비하지요. 항공 정비사가 하는 일을 좀 더 살펴볼까요?

도크 정비와 운항 정비

비행기 정비는 크게 도크 정비와 운항 정비로 나눠요. 도크 정비는 격납고에서 주기적으로 하는 점검 작업이고, 운항 정비는 비행기 출발 전에 활주로에서 하는 점검 작업이에요.

도크 정비

비행기를 점검하고 수리해요

정해진 점검 주기에 따라 비행기를 검사하고, 이상이 있으면 수리해요. 변형되거나 파손된 곳은 없는지, 오래돼 낡은 곳은 없는지 꼼꼼히 살피지요. 또 고장이 나지 않더라도 일정 시간이 지나면 비행기 부품을 바꿔 줘요.

더 이상 고칠 수 없는 비행기는 외국에 있는 비행기 폐기장으로 보내요. 거기서 사용 가능한 부품만 꺼내 재활용하고, 나머지는 버리지요.

비행기에 페인트를 칠해요

비행기 바깥 부분에 페인트 칠이 벗겨진 곳은 없는지 점검하고, 주기적으로 페인트 칠을 해요. 항공사의 이름과 로고도 페인트로 칠해서 그리지요. 페인트 칠은 강한 자외선이나 눈, 비, 우박 등으로부터 비행기를 보호해요.

비행기 날개는 햇빛에 잘 반사되기 때문에 승객이나 조종사의 시야를 방해하지 않도록 주로 흰색이나 회색 등 화려하지 않은 색으로 칠해요.

비행기 외부를 점검해요

엔진과 타이어, 브레이크 등에 이상이 없는지 혹은 비행기 주변에 떨어져 있는 물체가 없는지 자세히 살펴요.

앞바퀴부터 시작해, 화살표 방향으로 돌면서 점검해요.

연료를 넣어요

공항 안에 있는 지하 기름 탱크의 연료를 비행기에 넣어요. 이때 혹시나 기름이 새지 않는지도 꼼꼼히 확인해요.

조종실을 점검해요

조종사가 탑승하기 전에 조종석에서 계기판과 조종간, 전원 장치 등이 제대로 작동하는지 꼼꼼하게 살펴봐요.

기내 정비를 해요

비행기 안의 조명과 모니터, 좌석 상태를 승무원과 함께 살펴요. 혹시 고장 난 곳이 있으면 즉시 수리하지요.

비행기가 날아오르는 것을 확인해요

모든 준비를 마쳤어도 비행기가 안정적으로 날아오를 때까지 긴장을 늦추지 않고 살펴봐요.

🔧 나는 항공 정비사입니다!

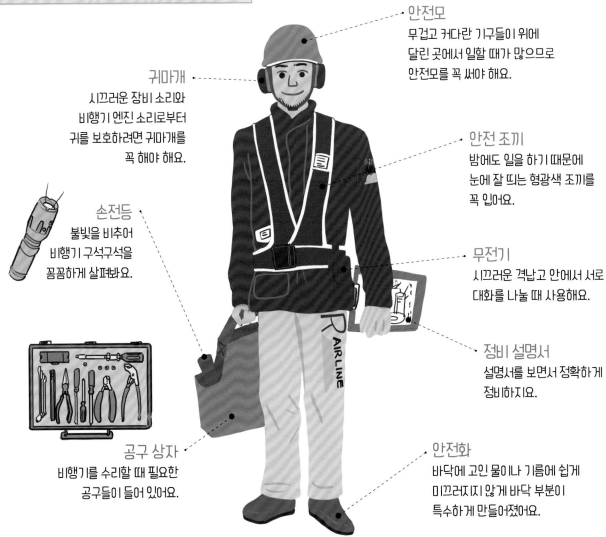

안전모
무겁고 커다란 기구들이 위에
달린 곳에서 일할 때가 많으므로
안전모를 꼭 써야 해요.

귀마개
시끄러운 장비 소리와
비행기 엔진 소리로부터
귀를 보호하려면 귀마개를
꼭 해야 해요.

안전 조끼
밤에도 일을 하기 때문에
눈에 잘 띄는 형광색 조끼를
꼭 입어요.

손전등
불빛을 비추어
비행기 구석구석을
꼼꼼하게 살펴봐요.

무전기
시끄러운 격납고 안에서 서로
대화를 나눌 때 사용해요.

정비 설명서
설명서를 보면서 정확하게
정비하지요.

공구 상자
비행기를 수리할 때 필요한
공구들이 들어 있어요.

안전화
바닥에 고인 물이나 기름에 쉽게
미끄러지지 않게 바닥 부분이
특수하게 만들어졌어요.

항공 정비사가 되는 법

항공 정비사가 되려면 교통안전공단에서 치르는 전문 자격시험을
통과해야 해요. 또 비행기 기종별로 정비 자격증을 따야 하지요.
비행기를 만드는 회사는 보잉과 에어버스, 봄바디어 등이 있어요.

봄바디어 CS300

보잉 B747

에어버스 A380

비행기 모델명이 B747처럼 B로 시작하면
보잉사, A380처럼 A로 시작하면 에어버
스에서 만든 비행기예요. 비행기의 기종은
엔진 개수와 조종석의 창문, 꼬리 날개의
모양 등 겉모습으로도 구분할 수 있어요.

비행기의 구조와 비행을 돕는 차량들

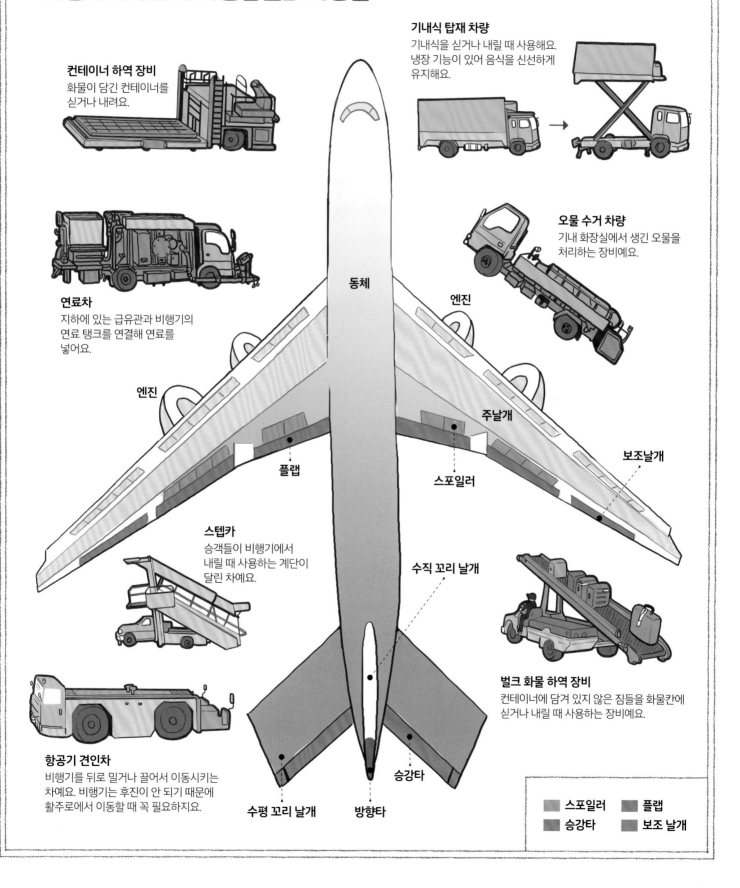

컨테이너 하역 장비
화물이 담긴 컨테이너를
싣거나 내려요.

기내식 탑재 차량
기내식을 싣거나 내릴 때 사용해요.
냉장 기능이 있어 음식을 신선하게
유지해요.

연료차
지하에 있는 급유관과 비행기의
연료 탱크를 연결해 연료를
넣어요.

오물 수거 차량
기내 화장실에서 생긴 오물을
처리하는 장비예요.

동체

엔진

엔진

주날개

플랩

스포일러

보조날개

스텝카
승객들이 비행기에서
내릴 때 사용하는 계단이
달린 차예요.

수직 꼬리 날개

벌크 화물 하역 장비
컨테이너에 담겨 있지 않은 짐들을 화물칸에
싣거나 내릴 때 사용하는 장비예요.

항공기 견인차
비행기를 뒤로 밀거나 끌어서 이동시키는
차예요. 비행기는 후진이 안 되기 때문에
활주로에서 이동할 때 꼭 필요하지요.

수평 꼬리 날개

방향타

승강타

■ 스포일러	■ 플랩
■ 승강타	■ 보조 날개

조종실에서는 누가 일할까?

조종실은 비행기를 움직이고 조종하는 곳이에요. 조종실을 가리켜
'콕피트(cockpit)'라고도 하지요. '닭장'이라는 뜻인데 조종실이 닭장처럼 좁아서 붙여진 이름이라고 해요.
지금 조종사들이 승객을 태우고 비행할 준비를 하고 있네요.

헤드 업 디스플레이
조종석 유리창에 비행 정보를 보여 줘요.
조종사가 바깥 상황을 살피며 현재 속도,
연료량 등을 확인할 수 있지요.

콕피트의 액정 화면
비행기의 속도, 위치, 고도 등을
보여 줘요.

기장

러더 페달
비행기의 방향을 좌우로
바꿔 줘요.

조종실에 붉은색이 켜진 램프가 몇 개인지 찾아보세요.

정답은 책 맨 뒤에서 확인하세요.

오버헤드 패널

조종석 천장에 있는 장치를 통틀어 일컫는 말이에요. 비행기 불빛, 엔진 조작, 연료 등에 관한 장치들이 모여 있지요.

부기장

스러스트 레버

비행기의 엔진 속도를 조절해요.

일렉트로닉 플라이트 백

지도, 이착륙 정보, 속도 등의 다양한 비행 정보를 보여 줘요. 기장과 부기장이 쉽게 볼 수 있는 자리에 있지요.

조종사

조종사는 비행기를 정해진 시간에 목적지까지 안전하게 도착할 수 있도록 조종하는 사람이에요. 보통 '파일럿'이라고 부르지요. 비행기는 기장과 부기장 두 사람이 조종해요. 기장은 승무원들의 최고 책임자로서 비행의 모든 과정을 살펴야 해요. 조종사의 하루 일과는 어떨지 한번 살펴볼까요?

부기장의 역할

부기장은 비행기를 조종하는 일을 나눠 맡으며 기장이 하는 일을 옆에서 살펴봐요. 혹시 기장에게 무슨 일이 생기면 그 역할을 대신하지요. 그래서 기장과 부기장은 비행할 때 항상 다른 시간에 다른 음식을 먹어요. 혹시나 음식이 잘못돼 둘 다 아프면 안 되기 때문이에요.

🕐 조종사의 하루

1. 출근해요

기장과 부기장은 보통 비행기 출발 3시간 전에 항공사로 출근해요.

2. 비행 정보를 확인해요

비행 계획서를 확인해요. 운항 관리사에게 비행 계획을 듣고, 날씨 정보와 비행기를 살피지요.

3. 비행기를 확인해요

항공 정비사에게 비행기에 이상이 없는지 확인해요.

4. 승무원과 회의해요

승무원들과 함께 비행 관련 내용, 승객 정보 등에 관해 이야기해요. 기상 상황이나 특별히 주의해야 할 내용을 나누지요.

5. 관제 승인을 받아요

관제탑에 있는 항공 관제사에게 이륙 허가를 받아요.

6. 이륙해요

브이원 (V1)

비행기는 활주로를 달리다가 조종사가 '브이원(V1)' 하고 외치면 하늘로 날아올라요. 이륙할 만큼 속도가 빨라졌다는 뜻인데, 보통 시속 300킬로미터 정도면 이륙하지요.

지상에서 시동을 걸고 활주로를 달린 뒤 속력을 높여 이륙해요.

7. 하늘로 떠올라 비행해요

정해진 비행길을 따라 비행하며 기상 상황과 비행기의 상태를 살펴요.

8. 착륙해요

목적지의 공항 관제탑과 연락해 허가를 받고 착륙해요.

9. 비행 일지를 적어요

비행 중에 일어난 사항들을 비행 일지에 꼼꼼히 기록해요. 비행기 종류, 출발지, 도착지, 운항 시간 등을 자세히 적어요.

비행기 스스로 날 수 있다고?

비행기에는 조종사의 조작 없이도 비행 상태를 계속 유지할 수 있게 해 주는 자동 조종 장치가 있어요. 비행기가 가야 하는 방향, 비행 속도 같은 정보 등을 자동 조종 장치에 입력하면 컴퓨터가 날개와 꼬리를 조종하는 신호를 보내지요. 보통 오랜 시간 비행할 경우 자동 조종 장치 기능을 써서 보다 안전하고 편리하게 비행기를 조종할 수 있도록 해요.

나는 조종사입니다!

유니폼
기장과 부기장은 유니폼 소매의
줄 개수로 구분할 수 있어요.
기장은 소매의 줄이 4개, 부기장은
3개랍니다.

플라이트 백
비행에 필요한 물품을 넣어 다니는
조종사의 가방이에요.

선글라스
비행 중에 강한 햇빛으로부터
눈을 보호해요.

헤드셋
시끄러운 엔진 소음을 막고,
종합 통제 센터와 연락할
때 사용해요.

항공 지도
비행길은 물론, 비행 금지 구역,
해안선 등이 표시돼 있어요.

비행 일지
비행 날짜, 구간, 기상 상황 등
비행 관련 사항을 꼼꼼히 기록
해요.

각종 증명서
조종사 면허증, 신체검사
증명서, 사원증, 여권 등 각종
증명서들이 필요해요.

조종사가 되는 법

조종사가 되려면 학교나 관련 기관, 항공사에서 조종 훈련을 마
치고 비행기를 몰 수 있는 면허증과 통신 면허증을 따야 해요. 또
엄격한 신체검사도 통과해야 하지요. 조종사가 된 후에도 1년에
몇 번씩 있는 자격시험을 보아야 하고요. 비행기 기종마다 조종
할 수 있는 면허증이 각각 필요하기 때문에 계속해서 공부해야
한답니다.

조종사들은 실제 비행기를 조종하기 전에 '시뮬레이터'라고 부르는 조종 프로그
램을 이용해 훈련해요. 진짜 비행기를 조종하는 것 같은 상황에서 조종법을 익힐
수 있답니다.

비행기는 어떻게 조종할까요?

조종사는 조종간과 페달을 써서 비행기를 움직여요.
조종 방법은 크게 세 가지로 나뉘지요.

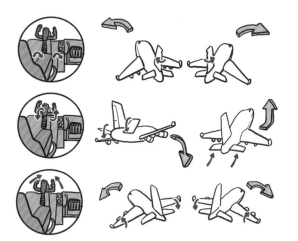

요잉
비행기의 방향을 좌우로 바꿔요. 왼쪽 페달을 밀면 왼쪽으로, 오른쪽 페달을 밀면 오른쪽으로 향하지요.

피칭
비행기를 위아래로 움직여요. 조종간을 앞으로 밀면 비행기 머리가 내려가고, 당기면 올라가요.

롤링
비행기가 왼쪽이나 오른쪽으로 기울어지는 정도를 조절해요. 조종간을 돌리는 방향으로 비행기가 기울지요.

 여러분은 조종사입니다.
승객의 탑승권과 운항 관리사의 비행 계획서를 보고 비행 일지를 적어 보세요.

RAINBOW AIRLINES ECONOMY 탑승권 BOARDING PASS

NAME(이름): KIM LINA
FLIGHT(편명): RA 053 18DEC19 / TO: HNL HONOLULU
DEP TIME(출발 시각): 20:20

BORDING(탑승 시각): 19:50
GATE(탑승구): 14
좌석: 45K 편명: RA 053

NAME: KIM LINA
FROM: SEOUL/INCHEON
TO: HONOLULU
DATE: 18DEC19

180 3390991 38701 /001
132 /K/45K/ICNFX>

RAINBOW AIRLINES FLIGHT PLAN

승객 (탑승객 수/좌석 수)	일등석 3/12	비즈니스석 43/94	이코노미석 236/301
화물	3200LBS	예상 출발 시각	20:20
운항일자	2019-12-18	예상 도착 시각	09:30
편명	RA053	비행 시간	8시간 10분
거리	4,549 MILE		

RAINBOW AIRLINES

비행일지
FLIGHT LOG

출발하는 곳 :   출발 시간 :

도착하는 곳 :   도착 시간 :

비행하는 데 걸리는 시간 :

탑승객 수 :

비행할 때 힘들었던 점 :

 정답은 책 맨 뒤에서 확인하세요.

기내에서는 누가 일할까?

기내는 비행기 안을 말해요. 승객들이 앉는 좌석과 화장실, 기내식을 준비하는
작은 주방 등 공간이 효율적으로 나뉘어 있지요. 지금 기내 승무원들이
승객이 목적지까지 편안하게 갈 수 있도록 안전과 서비스를 책임지고 있네요.

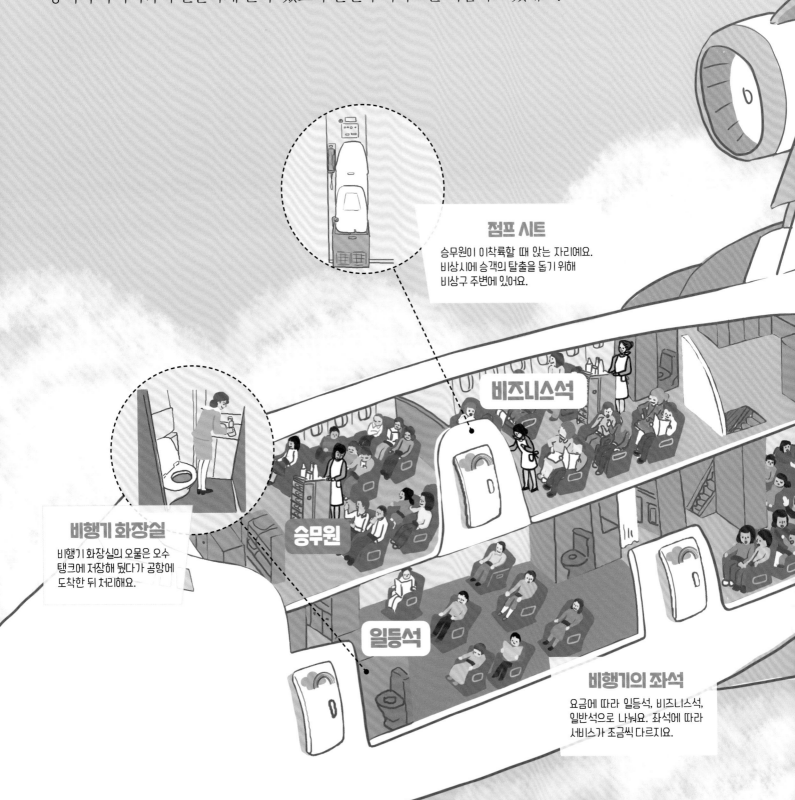

점프 시트
승무원이 이착륙할 때 앉는 자리예요.
비상시에 승객의 탈출을 돕기 위해
비상구 주변에 있어요.

비즈니스석

승무원

비행기 화장실
비행기 화장실의 오물은 오수
탱크에 저장해 뒀다가 공항에
도착한 뒤 처리해요.

일등석

비행기의 좌석
요금에 따라 일등석, 비즈니스석,
일반석으로 나눠요. 좌석에 따라
서비스가 조금씩 다르지요.

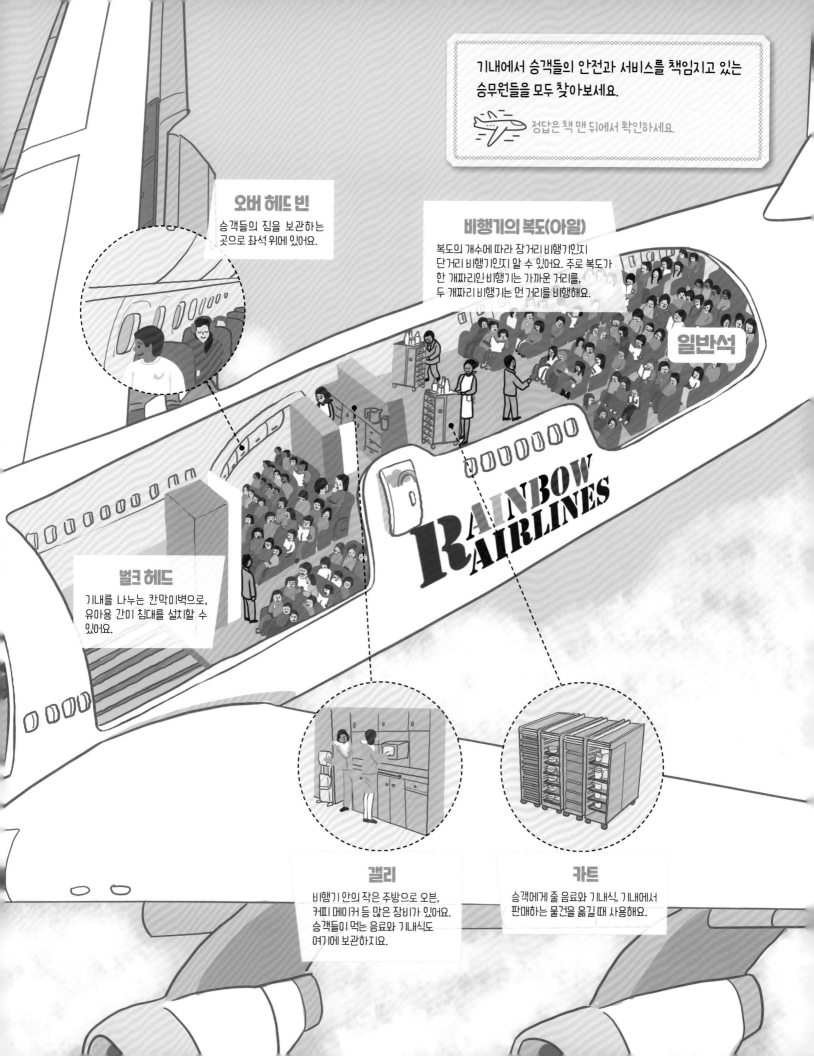

기내에서 승객들의 안전과 서비스를 책임지고 있는 승무원들을 모두 찾아보세요.

정답은 책 맨 뒤에서 확인하세요.

오버 헤드 빈
승객들의 짐을 보관하는 곳으로 좌석 위에 있어요.

비행기의 복도(아일)
복도의 개수에 따라 장거리 비행기인지 단거리 비행기인지 알 수 있어요. 주로 복도가 한 개짜리인 비행기는 가까운 거리를, 두 개짜리 비행기는 먼 거리를 비행해요.

일반석

벌크 헤드
기내를 나누는 칸막이벽으로, 유아용 간이 침대를 설치할 수 있어요.

갤리
비행기 안의 작은 주방으로 오븐, 커피 메이커 등 많은 장비가 있어요. 승객들이 먹는 음료와 기내식도 여기에 보관하지요.

카트
승객에게 줄 음료와 기내식, 기내에서 판매하는 물건을 옮길 때 사용해요.

RAINBOW AIRLINES

기내 승무원

기내 승무원은 승객이 비행기를 타고 이동하는 동안 안전을 책임지는 사람이에요. 갑자기 위험한 상황이 발생하거나 승객이 아플 때 재빨리 대처하지요. 또 승객들이 편안하게 여행할 수 있도록 여러 가지 서비스를 제공해요. 기내 승무원의 하루 일과는 어떨까요?

기내 승무원을 부르는 이름

예전에는 기내 승무원을 여성은 '스튜어디스(stewardess)' 남성은 '스튜어드(steward)'로 불렀어요. 요즘은 남녀 구분 없이 '플라이트 어텐던트'나 '캐빈 어텐던트'라고 부른답니다.

🕐 기내 승무원의 하루

1. 출근해요

보통 비행기 출발 3시간 전까지 항공사에 도착해요.

2. 비행 정보를 확인해요

다 같이 모여 비행기의 종류, 비행 노선과 시간, 기상 상태, 승객 정보와 주의사항 등 비행 정보를 나눠요.

3. 안전 장비를 점검해요

승객의 안전을 위해 산소마스크나 구명조끼 등에 문제가 없는지 꼼꼼히 확인해요.

4. 승객을 맞이해요

승객의 탑승권을 확인하고, 도움이 필요한 승객의 탑승을 도와요.

5. 짐을 안전하게 보관해요

승객이 짐을 싣는 것을 돕고, 오버헤드 빈이 잘 닫혔는지 확인해요.

6. 이륙을 준비해요

승객이 안전띠를 했는지, 테이블을 올렸는지 등 이륙에 필요한 사항을 확인해요. 안전 관련 사항을 안내한 뒤 이륙 준비가 끝나면 점프 시트에 가서 앉아요.

7. 기내 서비스를 제공해요

비행기가 이륙하면 승객에게 음료와 기내식을 제공해요.
또 국제선에서는 면세품도 판매해요.

채식주의자나 어린이들을 위한 기내식, 종교나 건강상의 이유로
먹는 기내식 등 다양한 기내식을 제공해요.

8. 비상 상황에 대처해요

기상 상황이 좋지 않거나, 아픈 승객이 생기는 등 비상 상황이
일어나면 기내에 방송해서 알리고, 재빠르게 대처해요.

9. 출입국에 필요한 사항을 알려요

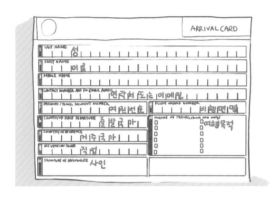

다른 나라로 가는 승객들에게 세관 신고서나 입국 카드
를 나눠 주고, 작성하는 방법을 알려 줘요.

나라마다 필요한 서류가 달라 미리 확인해야 해요.

10. 승객을 배웅해요

비행기가 착륙하면 승객이 안전하게 내릴 때까지 살펴보
고 승객을 배웅해요.

11. 기내를 살피고 점검해요

승객들이 모두 내리고 난 뒤 기내에 남은 짐이 없는지
확인해요.

비행기 안에서 난동 부린 승객은 어느 나라 법으로 처벌할까?

항공사가 속한 나라와 그 당시 비행기가 날고 있던
나라의 법으로 처벌할 수 있어요. 만약 우리나라 비
행기가 러시아를 지나는 동안 문제가 생겼다면 한
국과 러시아의 법 모두로 처벌할 수 있지요.

✈ 나는 기내 승무원입니다!

윙배지
윙배지는 정식 승무원이 되었다는 표시로 보통 왼쪽 가슴 위에 달아요.

항공사 신분증
공항에서 승무원 전용 창구로 출입국할 때 필요한 증명서예요.

손목시계
비행에 문제가 생기지 않도록 항상 정확한 시간을 확인해요.

아로케이션 차트
비행 시간, 근무 위치, 승객 정보 등이 담겨 있는 서류예요.

여권
다른 나라로 가는 비행기에서 근무할 때 필요해요.

손전등
좌석 사이처럼 좁은 곳을 확인할 때 사용해요.

기내 승무원이 되기 위해 필요한 조건이 있다고?

기내 승무원을 뽑을 때 암 리치를 선발 기준으로 삼는 항공사들이 있어요. 암 리치는 발꿈치를 들고 팔을 위로 쭉 뻗었을 때의 높이를 말해요.

오버헤드 빈에 짐을 넣는 손님을 도와줄 수 있는지, 기내에 준비돼 있는 안전 장비에 손을 뻗어 닿을 수 있는지 확인하기 위해 측정하지요.

기준은 항공사마다 조금씩 다르지만 208센티미터 이상인 경우가 많답니다.

기내 승무원은 어떤 교육을 받나요?

기내 승무원은 승객의 안전을 책임져야 해요. 그래서 첫 비행을 나가기 전에 항공기 실물 모형인 '모크업'에서 안전과 서비스에 대한 교육을 약 9~12주 동안 받아요.

안전 교육

- 비상 상황에서 승객을 탈출시키는 법, 안전띠나 구명조끼의 위치 및 착용법, 산소마스크 사용법 등을 배워요.
- 기내 화재가 발생했을 경우 소화기로 진압하는 방법을 배워요.
- 응급 환자가 발생했을 때 필요한 심폐 소생술과 같은 응급 처치 방법을 배워요.
- 기내에서 소란을 피우는 승객을 제압하는 방법을 배워요.

서비스 교육

- 갤리에 있는 물품의 위치나 사용 방법에 대해 배워요.
- 여러 나라 사람들과 의사소통을 해야 하므로 영어를 기본 외국어로 배워요.
- 기내식 제공하는 방법을 배워요.
- 몸이 불편하거나 도움이 필요한 승객에게 알맞은 서비스를 제공하는 방법을 배워요.

 여러분은 기내 승무원입니다.
각 상황에서 필요한 대화를 나누며 말풍선을 채워 보세요.

 예시는 책 맨 뒤에서 확인하세요.

4-5p

9p

10-11p

13p

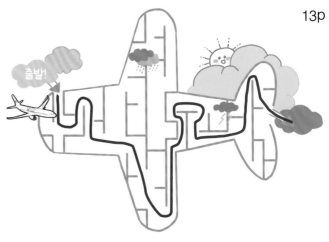

14-15p

20-21p

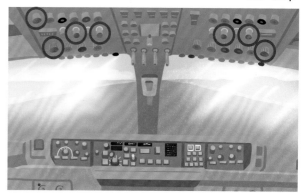

25p

RAINBOW AIRLINES

비행일지
FLIGHT LOG

출발하는 곳 : 인천   출발 시간 : 호놀룰루

도착하는 곳 : 20:20   도착 시간 : 09:30

비행하는 데 걸리는 시간 : 8시간 10분

탑승객 수 : 282명

비행할 때 힘들었던 점 :

바람이 강하게 불어 기체가 많이 흔들렸다.

26-27p

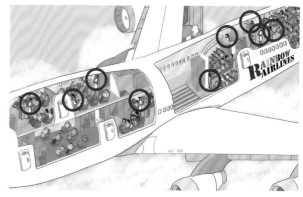

31p

머리가 너무 아파요.

두통약을 드릴까요?

기내가 너무 추워요.

담요를 드리겠습니다.

안전조끼 착용법을 알려드리겠습니다.

비행기가 하늘 위로 날아오르기까지

오늘은 인천 공항에서 하와이 이노우에 공항으로 가는 국제선 비행이 있는 날이에요.
비행기 출발까지 세 시간이 남았네요. 비행기가 인천 공항을 출발해 하늘 위를 날기까지
어떤 과정을 거치는지 한눈에 살펴볼까요?

3시간 전

운항 관리사
비행 계획서를 완성하고,
도착지의 날씨 등을 확인
해요.

항공 정비사
비행 스케줄을 확인해요.

조종사·기내 승무원
항공사로 출근해요.

1시간 전

조종사
비행기에 문제가 없는지
꼼꼼히 확인해요.

기내 승무원
기내를 살피고, 비행 준비를
해요.

RAINBOW AIRLINES

40분 전

지상직 승무원
체크인 카운터를
마감해요.

기내 승무원
승객들을 맞이하고,
좌석으로 안내해요.